전고담 특선 시집

너와 나,
우리 만날 때

도서출판 댕글

contents

008/ 서문/ 전고담 시인
010/ 축시/ 소시. 이관희 시인
011/ 축사/ 사문. 안명기 작가
134/ 감상평/ 美淚. 홍순용 시인

제 1 부

014/ 눈이 시가 되어
015/ 말
016/ 쉼
017/ 눈이 온 길 위에선
018/ 겨울의 모습
019/ 한 지붕 한 가족
020/ 12월
022/ 함께라는 달달함
024/ 결혼이란
026/ 둥지
027/ 결혼기념일에 받은 제비꽃
028/ 해인이 사랑
029/ 커피 한 잔

제 2 부

032/ 심장의 상처
033/ 침묵의 끝
034/ 바람, 너를 품고 싶다
036/ 장미의 얼굴로
037/ 즐거움
038/ 넝쿨째 굴러든 호박
039/ 밤
040/ 옹알옹알
042/ 산책과 길
043/ 봄봄봄
044/ 목련
046/ 아름다움은
047/ 물고기 그림
048/ 사람들

제 3 부

050/ 침묵
051/ 파도
052/ 기차
053/ 벚꽃 휘날리는 날
054/ 액자
055/ 윤슬
056/ 고추잠자리
057/ 가을비
058/ 자작나무에서 일어나는
059/ 순수의 양파
060/ 생명이 다… 한다는 건
062/ 둥그레진다는 건
064/ 향기로 말을 걸어오는 모과
066/ 모락모락 옛이야기 피어오르는

제 4 부

068/ 오색 빛깔 무지개
070/ 화목 나무
072/ 11월 11일
074/ 꽃무릇
075/ 빨랫줄
076/ 춤사위로 너울대는 호수
077/ Fool moon
078/ 아침 안개 속으로
080/ 좋겠다. 정말 좋겠다.
081/ 모데미 풀
082/ 바람 불어 좋은 날
084/ 신혼 일기
085/ 흑진주
086/ 성큼 다가서는

제 5 부

090/ 기도는
091/ 큰 생각
092/ 탈
094/ 노래방
095/ 나는 웃음을 가지러 왔다.
096/ 여름 풍경화
098/ 오타
099/ 배를 채우는 일
100/ 봄으로 가는 길에
101/ 거북이와 물고기의 공존
102/ Table
103/ 숲에 눈이 쌓일 때(#2024년 지하철 응모시 당선작)
104/ 구름에 다리 걸쳐봐(#2018년 버스정류장 응모시 당선작)
105/ 장대비

제 6 부

108/ 플라스틱 사랑
110/ 감사의 마음
111/ 능소화
112/ 이름
113/ 장미꽃 순정
114/ 긴장
115/ 무념, 무상, 무취
116/ 버스
117/ 철
118/ 아끼지 말자
119/ 반짝이는 눈꽃의 이름
120/ 들국화 향기에

*특집 수필
122/ 꿈 같았던 터키 생활

서문
시인의 말

시인, 전고담

너와 나 우리 만날 때 시 한 수씩 지으며 대화했으면 좋겠다는 생각이 들었습니다.

시를 지어보기 시작한 것은 약 10년 전 가까운 친구가 시 공부하러 문화센터에 다닌다는 말을 듣고 "시"? 그거 매력 덩어리 아닌가? 라는 생각에서 처음 시를 쓰기 시작하였습니다. 함축적인 의미의 글이 시 아니던가요? 몇 줄만 읽어도 머리가 맑아지는.

처음엔 어떤 소재로도 시가 탄생할 정도였죠. 제가 그린 그림이나 사진을 보면서도 하루에도 두 세 편씩 3년 정도 매일 하루에 1편은 기본으로 겁없이 써 내려 갔었습니다. 마음이 외로울 때 정신 몰입할 수 있어 좋았던 거 같네요. 은근 외로움을 많이 타는 성격이어서…. 그럴 때면 도서관을 찾아 들어 책을 읽고 시 한 편 쓰고 그러면 외로움은 사라지고 뿌듯한 시 한 편이 탄생했죠.

이런 습관이 어렸을 적부터 있었다면 문학의 길을 좀 더 일찍 걸을 수 있었을 텐데…. 라는 아쉬움도 있습니다. 어릴 적엔 활동적인 자전거 타기, 탁구, 훌라후프 등을 좋아했었네요.

영문학 공부를 하면서 문학 쪽에 관심을 갖기 시작한 거 같습니다. 재미도 있었고 졸업을 위해 몰입하며 열심히 하다 보니, 어느새 문학적 감수성이 몸에 배어들었던 거 같아요. 어린이가 몸이 적어 굴뚝 청소를 시킨다는 시를 읽고 마음이 아팠던 기억이 스치기도 하는데, 인간이 잔인하다 못해 자식을 그런 도구 정도로 쓰며 자신들은 차 마시며 유흥을 즐길 수 있단 말인가? 혼란과 혼돈이 머릿속을 비집고 마구 헤집어 놓았던 기억이 스칩니다.

고 장영희 교수님의 글을 좋아했었고, 윤동주, 나희덕, 안도현, 정호승, 시인님 등을 좋아합니다.
뭐든 가볍게 접근할 때 우리의 뇌는 부담 없이 아이디어를 내어주는 것 같습니다. 부담감 없는 시 읽기를 한 후 시 한 편씩 지어보는 즐거움을 함께하여 보시면 어떠실까요?

                    2025년 11월 중추지절에. 시인, 전고담 拜

축시

하얀 목련

　　　소시/ 이관희 시인

아마, 이맘때쯤인 것 같아
봄이 온 게 분명해

마음껏 자랑해야지
우윳빛 내 얼굴

아린 속 겨울은 춥지 않았어
오늘을 기다렸기에

축사

시집 『너와 나, 우리 만날 때』 출간을 축하하며

사문/ 안명기 작가

한 권의 시집이 세상에 나온다는 것은 오랜 시간 동안 한 시인의 마음이 숙성되고, 언어가 생명을 얻어 한 송이 꽃으로 피어나는 기적 같은 순간입니다. 전고담 시인의 시집 『너와 나, 우리 만날 때』는 바로 그 기적의 빛을 안고 태어났습니다.

이 시집에는 시인의 따뜻한 마음만큼이나 '만남'이라는 포근한 주제가 흐릅니다. 시인은 너와 나, 그리고 우리라는 틈에서 피어나는 감정 어린 정서를 담담히 그려내며, 언어의 가장 부드러움을 잘 나타내고 있습니다. 마치 봄날의 미풍처럼 우리 마음을 스쳐 지나가며, 잊고 지내던 감정의 숨결을 일깨웁니다.

『너와 나, 우리 만날 때』 시집 속의 시어들은 우리에게 조용히 질문을 던집니다. '지금 우리는 행복한가?' '우리는 스스로를 사랑하고 있는가?'라고. 그 촌철 같은 물음에 우리는 조용히 나 자신을 성찰하게 됩니다.

시인은 화려한 시어보다도, 평범한 시어로도 잃어버린 '순수한 마음'을 다시 찾아내게 하는 힘을 보여줍니다.

전고담 시인의 시 세계는 섬세하면서도 정직합니다. 한 편 한 편마다 우리의 삶을 어루만지는 듯한 따뜻함이 있습니다. 시인은 일상의 틈에서 피어난 감정의 조각들을 세심하게 주워 담는 능력이 있습니다. 군더더기 없는 진심이 있고, 조용하지만 깊은 울림이 있습니다.
시인은 자신만의 시 세계에서 마음에서 마음으로 '만남의 순간'을, 때로는 눈물 속에서도 다시 피어나는 희망을 노래하고 있습니다.

특히, 말미에 수록된 '특집 수필'에서는 사랑과 이별 그리고 기억과 그리움, 일상과 존재의 의미가 한 줄 한 줄에 녹아 있습니다. 이 또한 시인의 성품이 잘 나타난 수필임을 알 수 있습니다.

시집 『너와 나, 우리 만날 때』를 통해 독자들의 마음에 오래 머무는 향기로 남기를 바랍니다. 시인의 시어들이 세상 곳곳에서 따뜻한 등불처럼 밝혀 나가길 바라며, 진심으로 축하의 마음을 전합니다.
시집 『너와 나, 우리 만날 때』의 탄생을 다시 한번 진심으로 축하드립니다.

제 1 부

모든 물체 종이가 되어
　　나뭇가지에도 시를 쓴다
　　　　-눈이 시가 되어 중에서

눈이 시가 되어

소리 없이 내게 다가온다

구름 속 눈 조각들 대지 위에 내려와

겨울을 이루었고

모든 물체 종이가 되어

나뭇가지에도 시를 쓴다

말

듣는 사람은 상대의 입만 믿고 바라볼 뿐
입이 이쪽에서와 저쪽으로 어떻게 옮기고
나열하는지는 알 수가 없다

문제가 발생했다
문제는 화자만 알 뿐
전해 듣는 이야기는 모두 믿지 않을 수도 없고
믿어서는 안 되는

꼬이고 엉키는
술술 뿌려대는 말
그 안에서 불꽃 튀는 음모와 술수

하얀 거짓인가?
화려할수록 꾸밈이 많은

쉼

쉬어 가세요.
잠시 쉬면 피곤이 풀리죠
하루 종일 내리는 눈도 피곤한가 봐요
의자에 몸을 기대요
창문틀에도 내려앉아 한나절
눈이 나이를 많이 먹었나 봐요
의자에도 나뭇가지에도 몸을 기대 쉬고
어디에든 기웃
이러다 햇살이 퍼져 흩어지면
더는 잡을 수 없겠지요.

눈이 온 길 위에선

날 수 없는 시간의 가지 위
허공 밖의 눈이 되어 사르륵사르륵

내 안에 들어와 또르르 또르르

시 쓰는 저녁이 오면
사르르 사르르 시 속으로 녹아들고

어깨를 흔드는 바람 속에선
휘이잉 말의 콧노래 메아리 되어

서성인다
골목길 어느 한 자락에서

겨울의 모습

겨울이란 단면을 쪼개어 보니

아프다
쓰리다
서럽다
춥다
그리고
너란 웃음이 있더라

그 웃음 덕택에
겨울이 살아가더라

한 지붕 한 가족

모든 짐을 짊어져 구부정한 엄마를 중심으로
한 지붕 한 가족이 쳇바퀴를 돌고 있다.
등밖에 볼 수 없는 아빠와
해맑게 웃음을 선사하는 큰아들
자기를 인정해달라는 둘째,
my way만을 생각하며 살아가는 셋째
이 가족이 20세기를 살아가는 방식이다.

태양은 매일 뜨는데
햇살은 들락날락

삶이 그대의 편이 아닐지라도
내일의 태양은 바닥에서 서서히 차오르고 있을 거니
떠오르는 태양에 영혼을 맡겨본단다.

12월

12월
1과 2가 만났다
가까운 이웃이기에
언제까지나 함께할 거라 생각하며

각자 개성이 강하였으므로
서로에게 스며들기란 쉽지 않았다
요즘은
개성 시대라 한다
서로의 개성에 흠집을 주지 않는 범위에서
해결점을 찾기로 하였다

첫눈이 오면 합하기로

12월엔
첫눈이 기다려진다
첫눈은 소리 없이
밤새 밤이 새하얘질 때까지
우걱우걱 주걱주걱
날리려나
휘파람 불며 쌩하게 오시려나
어느 누구도 모르게 살그머니 버선발로 오시려나

등 토닥여주며 따뜻하게 올 것도 같다

함께라는 달달함

혼자보단 둘

혼자 사각기둥 세워놓고
밥을 먹는 거보다는

친구나 연인 부부가
눈을 맞추며 도란도란
이야기꽃을 피우며
이마를 맞대고 먹는 식사나
대화엔 달콤함이란 레시피가
하나 더 첨가되지 않을까

엔도르핀이란 양념도 뿌려져
소화 흡수를 도울 거 같기도 하고

함께라는 달달한 솜사탕
입에 넣어 사르르 녹이고 싶다.

결혼이란

해도 외롭고

하지 않으면 칼로 살을 베이고

공허한 볏짚 풀석이는 소리 들리는

아이 낳으면

자유는 풀잎에 이슬 맺히듯

허공을 배회하고

그 아이 커 가며

집에는 함박 웃음꽃 피우는데

그 집의 아이들 잘 풀리려면

아빠는 고집과 아집

땅에 묻어야 한다 하고

엄마는 너그러움으로 코팅하여야

한다지?

둥지

둥지 틀고 앉은 새들
무리 지어 외롭지 않다네
어찌 알았는지 평화롭고 물 맑은 곳에
보금자리 마련하고 식구들과 함께
꽃 피는 봄 즐기며 화기애애하다.
진달래 개나리 벚꽃 피는 곳에 둥지 틀고
꽃 구경 원 없이 한다.
멀리 갈 것도 없다. 주변이 온통 꽃동네니
행복은 언제나 주변에서 찾으면 그뿐
멀리까지 가 찾을 필요 무에 있겠나

결혼기념일에 받은 제비꽃

화려하지 않아도
거창하지 않아도
은은한 향기로 곁에 머무르는
그대 한 사람

제비꽃 한 송이로 사랑을 전달하는
소박한 손길
사랑한다 말로 표현하지 않는 질박함이
짙은 향기로 다가오며

산책길에서 마주한 매화 향기
우리에게 스민다.

해인이 사랑

이리 보아도 토실토실
저리 보니 똘망똘망

4월에 피어오르는 꽃망울에 비할까
활짝 피어오르는 청춘에 비길까

남이 하면 푼수 때기
내가 하면 사랑 사랑 사랑가

허허실실
입가에 미소 머금고
꽃 구경 뒤로하고
손자 사랑길 나선다

커피 한 잔

모락모락 피어오르는 사랑의 세레나데

커피에만 있겠느냐
구중궁궐 꼭꼭 숨겨두었던 너와 나의 이야기에도
깊고 깊은 사랑 애달파하여
밤하늘의 별이 되어 무수히 반짝인다
울긋불긋 방글방글 미소 짓는
꽃으로도 피어난다.

하얗게 피어오르는 속살에게 묻노라

커피 한 잔에서 무수히 많은 이야기
구전되어 살아 일어선다

제 2 부

누군가에겐 난도질
하늘을 가르며 번쩍
-심장의 상처 중에서

심장의 상처

누군가의 말

누군가에겐 난도질
하늘을 가르며 번쩍

심장이 부풀어 오른다

침묵의 끝

우글거리는 속내
하얗게 드러내려 하지 않는다.

하얀 침묵 위
박음선 없는 파란 하늘

입도 닫고
몸도 닫혔다

한잔의 고요를 마시며
침묵과 묵상으로 맑게 거른 후

맑은 냉수 한 사발 꿀꺽

바람, 너를 품고 싶다.

진득이 여름 가고
얼굴의 주름 펴줄 가을이 오나 보다.

산책길에 만난 미소 띤 바람과 데이트를 즐기니
더 바랄 게 없다.

바람
너를 품고 싶다.

나뭇잎도 팔랑거리는 걸 보니
나뭇잎도 바람에 녹아내려
앞뒤 분간을 못 한다.

매력 만점의 바람에게 넘어가지 않기
쉽지 않을 거다.

바람은 바람둥이인가 보다.

장미의 얼굴로

너의 화려한 외모를 빌리고
너의 향기를 뼛속 깊이 짓이겨
깊이깊이 저장하여 언제 어디서든
뿜뿜 향기 뿜으며
언제든 화려한 여러 겹의 장미의 얼굴로
웃음 지으며
가시로 위엄을 지키며
넝쿨째 구르고 구르며
자손 대대 창대히 뻗어 나가고 싶다.

즐거움

우리는 여럿이 만나면 즐겁다.
둘이 만나면 정적이 흐르다가도
셋 이상이 되면 지글자글 부침개 부치는 소리
자글자글 농담에 잡담이 보글보글 끓는다
시장판이 따로 없다.
시장판이어도 즐겁다.
우리가 모이는 모여드는 이유이다.

넝쿨째 굴러든 호박

넝쿨째 호박 굴러
어느 마을에 뚝 하고 떨어지더니
마을 전체를 휘감는 바람과 함께
땅 위에 호박씨 두두두두
그 후 몇 해가 지나더니
그 마을에 떠돌던 병과 흉흉한 소문들은
땅에 묻히고
새록새록 아름다운 이야기들과
아기들 노니는 소리
훈훈한 정만이 떠다니더란다
사랑만이 피어나더란다.

밤

겉은 딱딱하고 단단하기
악어 등가죽 같아
어떤 것도 통과할 수 없을 듯한데
벌레에게 내 살 내어주고

겉에서 볼 수 없고 상상할 수 없이
속은 보들보들 포근하고 부드럽기가
어릴 적 엄마의 품 같고 비단결 같구나

사람도 그런 듯하다
겉으로 방어벽을 무섭게 치는 사람은
속이 보드라운 비단결 상할까 장벽을 치는 걸까

옹알옹알

둥근 가지 위 사랑이 걸쳤다.
아빠 사랑
엄마 사랑
할머니 사랑
할아버지 사랑

나풀거리는 나비 날아와
아기의 어깨에 와 앉는다

너의 앞날에 함께할
친구라며 옹알이를 해댄다
알지도 못할 언어지만 마구 옹알거린다.

행복하다는 표현일까
아직은 대화가 가능한 언어는 아니나
엄마의 눈을 맞추며
아빠의 눈을 맞추며
뭐라뭐라
웅얼웅얼 쫑알거린다.

둥근 가지에서 내려온 사랑
가슴에 걸쳤다

산책과 길

바람에 꿀벌 향이 날린다.
내 코끝에서도 꿀 향 가득하다
봄볕 아래 모든 꽃들 벌을 불러들여 잔치를 벌이나 보다
허벌나게 힘들었던 겨울
고생 많았구나.
이젠 봄꽃에 바통터치다.
가장 힘들 때 그 끈 놓지 않으면 이렇게
새 세상이 오듯
가장 힘든 이들이여!!
그 힘듦 이기고 나면 이렇듯 봄볕이 꿀벌들이 달콤하고 향기로운 꽃과 꿀을 선물하리라

봄봄봄

어떤 일이든 좋은 일엔 마가 따라붙나 보다.
마도 좋아지고 싶어서일까?
따뜻한가 싶으면 강풍이 불어 몸을 붙들어 매기 바쁘고
노란 개나리꽃을 볼라치면 시샘의 눈발이 날리고

그래도 봄은 온다
쏟아지는 햇살 아래 서면
내 마음도 화사하게 피어나는 봄이 된다.
스치듯 지나치는 바람이 살랑살랑 피부에 와닿고
가슴을 밀어내며 비집고 들어와 나도
봄으로 피어난다

온통 봄이다
너와 마주해도 봄

목련

봄은 참 가볍겠다

환해지겠네

초록초록 나뭇잎들 살맛 난다며 기지개 켜겠네
어둑어둑하던 주변
터져대는 목련의 몽우리로
툭 툭 소리 요란하겠네
어여쁘겠네

날아오르듯
몽우리 열린다
너무 높이 들어 올린 바람에
몽우리들 한꺼번에 쏟아져 나온다

그 어떤 무게로 이 솟구치는 열망을 짓누르겠나
질펀하게 펼쳐지는
봄의 모습에 번쩍 눈이 부시다

아름다움은

드넓은 평야에 하얗게 쏟아붓던 솜사탕 같았던 송이
송이 눈송이들
봄 햇살에 밀려 내년을 기약해야겠지
백색의 시골 풍경에 살짝살짝 얼굴 내밀던
나뭇가지들
보일 듯 말 듯 하던 자연의 생김새들
올해는 특히 강추위와 함께 달려와 주었었는데
아름다웠던 대지는
봄의 꽃들이 올라오면 더욱 빛나는 아름다움으로
변화하겠지?
젊었던 청춘의 아름다움과 노년의
아름다움이 다르듯
아름다움은 가고 또 새로운 아름다움으로
탈바꿈하며 오니
이생은 언제나 아름답구나

물고기 그림

행운을 부른다는 물고기 그림
아집에서 벗어나면 행운이 오는 걸까
이유 불문 때가 되면 황금 연못 열리는 걸까
각자 가지고 태어난 복주머니 양이 정해진 걸까
큰 부는 드넓은 하늘의 뜻이고
작은 부는 작은 우주인 내 손안에서 생성되나?
오늘도
내일도
나머지 날들도
좋은 일만 친구되어주고
행복한 일만 곁에 머물러 이생의 날들 꽃밭처럼
얼굴 활짝 피우고 살 수 있길

사람들

깨끗한 접시에 놓인 싱싱한 과일 같은 사람들
자연에 순응하며 자연과 하나 되어 자연인이
되어 가는 사람들
온몸이 가벼워져 새처럼 날개 달려 뜬구름에
걸터앉은 듯 살아가는 사람들
햇살에 목욕하듯 맑고 밝은 사람들
은은한 종이에 비칠 듯 투명하고 해맑은 사람들
우리의 모습들이다

제 3 부

여린 가슴에 묻어 둘 거라곤
　　활짝 피어오르는 정만 담아두자 했다
　　　　　　　　　　　-파도 중에서

침묵

침묵 속에서 활자들이 일어나 설친다
뇌의 문을 노크하고
퉁퉁 불은 배의 문 앞에 도착하여 들어가려 하니 문을 열라고 큰 소리로 시끄럽게 야단이다
예지의 빛 한줄기
뜻 밖의 곳에서 활처럼 날아와 꽂힌다
침묵은 입에 풀칠하고 어떤 상황에도 답이 없다.
반칙이다
입술에 석고 장식을 한 탓일까

파도

몇 겹의 파도에
마음의 벽 허물어 버린 적 있다

밀물과 썰물 사이
마음의 벽 세워두니 밀려드는 포말과 함께
녹아내리듯 부서지고 말더라

여린 가슴에 묻어 둘 거라곤
활짝 피어오르는 정만 담아두자 했다

너와 나 사이에 왕래하던
정만을 남긴 채
첫 만남의 해맑던 표정만을 끌어안은 채
깊은 수면으로 침잠하리라
동면에 들으리라

기차

열심히 달린다.
내가 낼 수 있는 모든 에너지 끌어모아
앞으로 전진한다
나에겐 목표가 있다
세계 일주이다.
기차 타고 북한과 중국을 거쳐 소련까지
기차를 타고 달려보는 거다
여러 국적의 사람들 함께 달려보는 거다
칸마다 다른 언어가 들린다.
칸마다 다른 사람들이지만 우린 함께여서 행복하다
하늘로는 뭉게뭉게구름 만들며 이야기 실어 나르고
트랙은 정해진 경로로 사람들을 실어 나르는
세계를 하나로 만들어 주는 기차는 쉼 없이 달린다
우리 함께 달려보기로 해요

벚꽃 휘날리는 날

벚꽃 낱낱이 휘날리는 날
내 마음도 같이 휘날린다
따뜻한 그대의 가슴을 향해
벚꽃이 피어나던 날부터
주변의 만물도 따뜻하게 봄꽃이 피어오르고
봄꽃들 내 가슴으로 훨훨 날아든다
추위 뿌리치고 봄으로 이사 왔다
엄동설한 따스히 녹여주며 봄으로 넘어왔다
추운 겨울과 따스한 봄은
아주 가까운 이웃이었다

액자

정해진 틀 안에서 살아 보기로 했다
정해져 있기에 추위도 더위도 걱정할 필요는 없단다
새로움도 없단다
개척하거나 새로운 생각으로 기존의 틀을 깰 필요도
없고
신선한 아이디어 구상도 물론 필요치 않단다
그저 하라는 데로
정해진 룰에 복종하며 어찌 보면 안정된 삶이란다
뭐든 알아서 척척 해내다 보니

어느 날부터 뉴런이란 신경세포의 진화하는
모습은 사라지고
매일 규칙적으로 도는 쳇바퀴만 진화 하드란다

단단한 바퀴에 끼인 생명의 파르르한 줄은
웃음을 물고 있을까
우울로 번복된 세상일까

윤슬

소슬바람 스치듯 지나간 자리
알알이 은빛 별들 내려와
차디찬 냉혹함으로 물결 위에 내려앉는다.
불씨 하나 가슴에 꽂고서
냉혹하였으나
불씨의 근본으로
별들 중에 가장 맑고 밝은 별은
내가 사랑하는 별이 되었으며
가장 어둡고 슬픈 별은
나를 사랑하는 별이 되었다 한다.

고추잠자리

밤을 타고 떠나왔다
낮 동안의 따뜻함을 벽 속에 숨겨 놓은 채
외로워도
무쏘의 뿔처럼 가리라
이겨내리라.
뒤뜰 가득 피어오른 수국
너의 종아리에 무심코 넣어 두고서

가을비

토닥거리며 땅에 떨어지는 빗소리가 정겹다
서로 다투어 떨어지며 멀리 겨울의 문턱으로 향하는

겨울의 냉혹한 날씨도 잠깐
얼음으로 얼어붙은 고드름도
비가 눈으로도
메말라 가던 가슴도, 녹아내리려면 순간인 것을

빗소리는
틈도 주지 않고
머리에 가득하다
대지 깊숙이 파고드는
비의 향기에
 잠자던 몸의 세포 깨어난다

자작나무에서 일어나는

하늘에서 이야기 보따리 풀어댄다
저 먼 하늘에서 송이송이 눈 날려
자작나무 사이 사이에 내려앉는다

눈 내리는 자작나무 숲엔 사람들의
이런저런 사연들이
흩날리고 아이들의 뛰어노는 소리
가끔 심심치 않게 들려오던 그런 날

땅과 하늘 온 우주가 깨어난다

순수의 양파

겉모양은 황톳빛으로 물들었다.
몸은 하나인데 겉과 속이 다른 이중인격체
내막은 알 수 없지만
까도 까도 백지
백지엔 어떤 그림이든 글이든 남길 수 있어 좋다

이생에 살면서
즐거웠던 일도 우울했던 일도
시간이 모두 해결해 주었으므로
시간에 모든 걸 맡긴다

순수는 깔수록
머리카락에 하얀 꽃을 피울 것이며
식염수에 담겨있는 하얀 틀니에서도
보글보글 순수는 묻어날 것이다

생명이 다… 한다는 건

이 세상에 태어날 때
두 손에 쥐고 나온 거 없건만
살다 보니 이것저것
선물도 사랑도 많이 받고
이 세상이 떠나기 싫은 건가

일찍 세상을 떠난 사람은 가엾다 하고
천수를 누리길 기도하니
역시 이 세상사가 고달프다
하여도 이곳에 복이 많이도
떠도는 건 사실인가 보다

생명이 다하는 날이 오면은
그동안 누렸던 많은 사랑과의
이별이 두렵고 싫어
울음으로 이별을 대신하니

울음이 하늘에 닿는 그 날
또 다른 탄생이 이어지는 건가

둥그레진다는 건

뉘어 놓은 뱃조각속으로
초승달이 들어갑니다
고된 삶의 하루를 집어삼키며
점차 밀가루에 이스트가 화학반응으로 부풀어
오르듯 그렇게 부풀어 오릅니다

뱃속에서 하루의 희노애락은
뒤엉켜 허우적대다
배설물인 흑탕물을 쏟아내며

눈물은
외로움과 슬픔을 녹여
강물 위에 달빛의 먹이가 되었고

웃음은
가슴에 꽉 막혔던 응어리를
풀어 반짝이는 별로 태어났습니다

처음과 끝을 알 수 없던
강물은 막힘없이
유유히 흘러갑니다

향기로 말을 걸어오는 모과

은사 같은 햇볕 내려
날 익게 하시고
그리움 가득 품으니
내 안에서 향기 만발하여
향기 그윽하여라

일 년 내내 모진 풍파 견뎌내며
집안 가득
행운 가득만 바람이었으니
나날이 늘어나거라

열매는 성공을 의미하나니
흐트러짐 없는
결실의 기쁨 온 천지에 가득하여라.

이리저리 찌그러졌다고
우습게 보지 마라

내 향기 제일이라
무엇에 비기겠는가

이생에 내려와
내 몫은 했음이니라

모락모락 옛이야기 피어오르는

깊은 생각에 잠겨 겨울을 응시한다

이 집 저 집 여러 가구들이 모여 사는 동네에
이야기꽃이 피어오른다
장작 타오르는 냄새를 따라 외길로 접어드니
군밤 굽는 냄새
밥 짓는 냄새가 살 속으로 파고든다
살이 따뜻해진다

토끼들이 몰려와 덩더쿵 덩더쿵
방아를 찧어 떡을 만들 것 같은 밤이다

겨울 풍경 속으로 밥 짓는 냄새 스멀스멀 스며들어
이야기꽃으로 꾸역꾸역 연통을 타고 올라온다
따스한 겨울이다

제 4 부

옛말 틀린 게 하나 없소
　　중용이 제일이란 말
　　-오색 빛깔 무지개 중에서

오색 빛깔 무지개

쨍한 눈을 하고선
이리로 저리로 둥실둥실
물결 따라 유영을 한다

색이 화려하여
남의 눈에 금방 띄이는 게
문제라면 문제

물론 화려함을 뽐낼 때도 있지만
평범한 삶이 부러울 때도 있다오
내 자신 평범하게 태어나지 못해
평범한 날이 없었다오

옛말 틀린 게 하나 없소
중용이 제일이란 말

우리 모두 더도 덜도 아닌
중용을 지키며 살아 보는 건 어떨는지….

화목 나무

아름다운 열매를 맺고
튼실한 나무로
자라나 주기를 바라는 화목 나무

나무가 잘 자랄 수 있는 요소에는
햇볕이 좋아야겠고
물도 적당히 그리고 사랑이 필요하겠다

무심히 지나던 구름과 바람도
화목 나무가 잘 자라나 주기를
바라며 사랑의 눈빛을 선사했다

말이 주는 파장은 대단하다
고운 말은 고운 심성을 심어주는
화목의 뿌리를 내리지만

나쁜 말의 뿌리는 사악한 나무를…
듣기만 해도 온몸을 얼음덩이로 만드는
괴력을 지니고 있다.

우리 서로 상대를 응원하며 사랑하는
사랑나무 화목나무 한 그루씩
키우고 선사하며 살아 보는 건 어떨까!

11월 11일

나란히 서 있기만 하여도 상대에게 온갖 촉수 날카
롭게 서 있을 때가 있었지

나란히 걷기만 하여도 마음의 이야기 서로
주고받을 때가 있었어

나란히 앉아 같은 곳을 응시하며 같은 꿈을 꿀 때
앞에 정원이
아름다운 꿈의 궁전이 보이곤 했어
보스포러스 해협 옆에 있는 돌마바흐체
궁전이 떠오르는군
그 안은 또 얼마나 화려하던지…

꿈은 꿀 때가 행복해

나란히
나란히는 평행선이므로 결코 만날 순 없지

허나 나란히 서 있다는 건 이미 같은 곳을
바라보고 있다는
이야기가 아니겠는가

꽃무릇

낡은 사진기로
찰칵

칠흑 같은 어둠 속
절정의 희열을 향해 치닫는
짙게 그을린 나뭇잎들 사이에서
붉은 혀가 쑤욱 올라와 있다
밤새 목이 몹시도 거북하더니

초대받지 않았으나
하루에도 몇 번씩 그대 뜨락에서
나도
그대가 되어 본다

빨랫줄

햇살 가득한 날
빨랫줄에 뱃살 사이사이에 낀 허기를 펼쳐 널었다
쌀쌀한 바람
혀로 슬쩍 허기를 핥고는
이내 자리를 뜬다
줄을 타듯
허기도 타오르는 오후다

춤사위로 너울대는 호수

잔잔한 물결 위에
은빛 별들 알알이 내려와
차디찬 냉혹함으로 호수에 꼭꼭이 심어졌다.

욕망의 손으로는
잡히지 않던 별들
냉혹한 현실 위에 파르르 떨며 내려꽂혔지만
부드러운 미풍에 각각의 화려한 자태
온 누리에 후드득 후두득
우주에 몸을 맡기면서

자유로운 춤사위는 호수 위에서 밤새
멈출 줄을 몰랐다
별들의 댄스파티는 우리가 잠든 사이
꿈의 영상으로 피어나려나?

Fool moon

Full moon이나 Fool moon이나 발음은 같다.
가득히 무얼 채우고 싶은 걸까
바보 달이라니 ㅎ
오늘 하늘에 욕심껏 가득 채운 바보 달,
Super moon이 떴다
뭘 자랑하려 저리 크고 모난 곳 하나 없는
달이 떴나
달에서 인공미가 넘실댄다
인공미와 자연미
농약을 사용하지 않은 농산물은 벌레 먹고
상처투성이다.
그런 농산물을 찾는 이유는
건강하게 살고 싶은 이유이다.
왠지 똥그란 달을 보며 아주 말끔하게 잘 생긴 농산물이 떠오르는 이유는 왜일까?
너무 욕심부리지 말고 살짝 모자란 듯
Fool moon으로 살아 보면 어떨런지

아침 안개 속으로

앞이 백지다
아침마다 앞산이 백지다

무수히 많고 많은 사연들 도화지 속으로
숨어들어 갔다
밝이 두렵다 한다

멋진 노신사
백발의 긴 머리카락과 백색의 구렛나루
길게 느려트리고 저벅저벅 걸어 백지에서
빠져나온다
세상 밖으로

너와 나의 많고 많은 사연들
안개에 가려 알 수가 없다

안개가 하루를 삼켜 버렸다
너와 나의 사연들 모두 삼켜 버렸다
안개는 대식가임이 분명하다

좋겠다. 정말 좋겠다.

창에 비 닿는 소리 들린다.
커피 향 맡으며 티 테이블에 턱을 괴고 앉아
빗소리 끝없이 들었으면 좋겠다.

앞산이 환하게 펼쳐져
눈앞에 병풍처럼 누웠다
너도 함께 누워 새벽이 열리는 소리 같이
들었으면 좋겠다

온 가족 모여 앉아 이야기꽃 피우다
박 옆구리 터지는 소리하며
박장대소하면 좋겠다
정말 좋겠다

모데미 풀

영롱한 아침 이슬 물고
화창한 아침을 열려는 걸까

구겨진 마음 소르르 열어
다림질로 쫙 펴주려는 걸까

깊은 숲속 옹달샘
샘물 콸콸
자연의 신비 선사하려는 걸까

웅장한 바위 곁에서
조잘대는 햇볕 쪼이며
남몰래 키워온 꿈
살포시 얼굴 내밀다

배시시한 해님과 얼굴 마주했네

바람 불어 좋은 날

바람은 깊은 골짜기에서 시작했다고 하였다
온화한 바람으로 평온함을 선사하기 위하여

능선을 타고 넘어 힘겹게 넘어도
그 너머에 우리의 보금자리가 있기에
힘겹지 않다고 하였다

너울성 파도가 아무리 무섭게 일렁여도
자리 내어주어 먼저 보내면 그뿐이라 하였다

천둥과 비바람 아무리 세 차 게 몰아쳐 와도
비닐우산이 아닌 철갑 우산을 쓰고
비 좀 맞아주면 그뿐이라 하였다

아무리 커다란 고난이 몰아쳐도
견디며 사랑하며 사는 이에게는

미풍에 봄꽃 화사하게
피어오르리라 하였다

신혼 일기

님과 나
둘은 하나가 되었답니다

둘은 하나가 되었기에
우리는 늘 함께합니다

님은 나의 우주요
세계입니다

님이 있으므로
나의 세계는 배가 되었습니다

님의 그림자에서
나를 만납니다

우리는 언제나
하나입니다

흑진주

검은 바다에 몸을 내어준
흑진주
깊은 곳으로 깊이깊이 빠져들었다

심연은 정적과 무형과 흡입력을
가지고 있었기에

은은히 비추이는 표면의
실크빛 물결은 미래의 단상을 노래하고

부드러운 검은 바다에 꼬옥 안기는
흑진주

검은 바다는
붉은 심장의 올을 당기기에 충분하다

성큼 다가서는

빗소리가 쎄레나데로 들릴 땐
사랑이 성큼

가뭄이 깊어진 어느 날
꽃잎에 속살거리며 내려앉는
비가
아름답고

갈증이 더해지는
여름의
뙤약볕 아래에
서 있을 때
후드득 지나가는 소낙비가
천사들의 합창 같고

이 아침
소란한 소리와 함께
연무를 만들며
아스팔트에 내려꽂힐 땐

가을은 롱 다리를 하고 선
성큼 다가선다.

제 5 부

오늘도 터벅터벅 걸으며
　솔숲의 바람과 대화를 나눠본다
　　　　　-기도는 중에서

기도는

꽃 진 자리에서 봄을 기다리기만 해도
기도하는 것이라는
표현을 쓴 글을 읽은 적이 있다.
이 표현 하나만으로도 충분히 시적이지 아니한가
저 밑 잠자고 있는 세포가 요동치며 날 깨운다
주인님 어서 일어나
꽃 진 자리에서 봄을 맞이하소서

오늘도 터벅터벅 걸으며
솔숲의 바람과 대화를 나눠본다

큰 생각

아름 따다 흩뿌릴 꽃
한 아름
물을 대야에 가득가득 담아
흩뿌리니 바다가 되고
생각 주머니 부풀리고 또 부풀리니
집안 가득 책 꾸러미
산에 오르고 또 오르다 보니
내가 산이 되고
허풍쟁이 허풍을 떨다 보니
풍선 터져 그 속 다 보인단다.

탈

둥근 탈 세모 탈 네모 탈 육각 탈
가지각색 탈

이렇듯 우리는 여러 가지 탈을 쓰고 태어난 거다.
허니 어찌 같겠나

둥근 모양끼리는 둥근 모양끼리
세모 모양은 세모 모양끼리
더 잘 통하는 건 있으리라
서로 다르다고 비판할 것도 없고
서로 같다면야 쉽게 서로를 이해하리라

탈탈 털지 말고
탈탈 털리지 말며
탈 원전하지 말고
탈선하지 말고
탈탈 털어 먼지 않나는 사람 없다

정답이 없는 게 인생이지 아니하겠습니까?

노래방

무지갯빛 네온사인이 현란하게 마음을 휘감고
빙글빙글 돌아간다.
마음이 수시로 변하는 걸 감지한 촉수처럼
돌아가는 원반 위에 올라서서
총 맞은 것처럼을 부르니
가슴이 뻥 하니 뚫리는 그 구멍으로
살아왔던 날들이 오글댄다.
일곱 빛깔 무지개가 이끄는 삶 속에서
수영을 하듯 오늘도 새로운 항해에 나서본다.

나는 웃음을 가지러 왔다.

삐죽이는 마음 사발에 웃음 한 사발 담고 싶다.
주변에 넘실대며 넘쳐나는 웃음 다발들
너무 웃었나?
얼굴 근육이 욱신댄다.
자고 나면 풀리겠지. 다시 웃고 나면 풀릴 거야
회 접시 한 그릇에 웃음꽃이 만발했다.
친구 웃음 하모 웃음 민어 웃음 광어 웃음
멍게 웃음
멍게 향을 좋아하는데…
멍게 향이 사라졌다.
멍게가 웃음을 잃었나 보다.
심호흡을 해 멍게의 숨줄에 산소 웃음을 불어 넣어
줘야겠다.

나는 다만 웃음을 가지러 왔다.

여름 풍경화

톡톡 튀듯
소나기 되어 햇살이 쏟아진다.

보드라운 살에
소나기 햇살을 마시니
갈색톤의 섹시녀가 탄생하여
길을 걸어간다.

타들어 갈 듯한 지표면의 열기에
우린 또 한 번의 자국을 남긴 체
지상의 열기를 흡수한다.

꽃무늬 양산에선 꽃잎이 떨어지고
섹시녀는 눈부신 꽃비를 맞고 있다.

강렬한 태양의 여름
오후의 풍경이다.

우린 떠나야 한다.
태양을 삼켜버릴 바다로
바다로 바다로 가서
태양을 던져버리기로 한다

오타

물씬물씬을 물싼물씬으로
넘버원을 놈보원으로
잘못 쓰려고 한 건 아닌데
실수로 글이 산을 넘었다

인생은 삐뚤빼뚤 가라 한 적 없는데
바르게 직선으로 돌직구 찍을 때도
뜬금없는 뜬구름 잡을 때도
뒷북치며 꽹과리 울릴 때도

오타나
오라나

배를 채우는 일

놀랍고 또 놀라워라
인연의 밥사발 열리어
촉촉이 황토 흙 적시는 비 내린다
자연의 이치로
봉긋한 엄마의 젖멍울에서 똑똑똑 아이의 목구멍을
타고 내려 배불리면
까르르 넘어갈 듯 울어대던 울음은
생과 사의 경계선에서 안도의 한숨을 내쉰다

세상에 이런 평화는 또 없다

봄으로 가는 길에

계절을 잊은 개나리
앞니 드러내며 웃고 있다

실개천을 온통 장악하고
내려앉은 햇님
흐르는 물길 터주고

휘청이던 버들강아지
양지바른 곳에서 톡톡
앙증맞은 꽃 터트린다

봄의 아름다움은 시샘하는 바람으로도
이미 천리이다

거북이와 물고기의 공존

느림과 빠름의 미학
느림은 느림 대로 빠름은 빠름 대로
서로 사랑을 한다면?
느린 사람 맞춰 빠른 사람 숨이 꼴딱 넘어갈 거고
빠른 사람 맞춰 느린 사람 빨라지지 못할 거니
독립적인 개체의 인정이 필요하겠다
상대를 있는 그대로 인정하는
바로 그게 love
love 어렵지 않다

Table

우리 같이 모여 앉는다.
한 테이블에 앉을 수 있음은 공유 면적이 넓다고
볼 수 없을 것이다.
어떠한 목적이었건 한가지 정도는 일치해야만 같은
테이블에 앉게 될 것이다
수많은 사람 중에 한 테이블이다.
얼마나 함축적인 만남인가
60억 인구 중에?
소중하고 귀중한 사람들
한 곳에 목적을 두고 얼굴을 마주하는 것만으로도
눈물겹도록 마음의 뼈 사무치도록
사랑하자
후에 후회하지 않게

#2024년 지하철 응모시 당선작
숲에 눈이 쌓일 때

잠잠이 속삭이던 숲에
하얀 눈이 소리 없이
사뿐히 내려앉는다

진심은 소리가 없다.
그저 다가와 곁을 줄 뿐
스미듯 그렇게

#2018년 버스정류장 응모시 당선작
구름에 다릴 걸쳐봐

구름에 다릴 걸쳐봐
몸 두둥실 떠올라
바람이 밀어주어
어디든 갈 수 있어
바람과 구름에 몸을 맡겨봐

장대비

토닥거리며 떨어지는 빗소리가 정겹다
서로 다투어 떨어지며 멀리 치악산에 안개 자욱하다.

빗소리는
틈도 주지 않고
머리에 가득하다
대지 깊숙이 파고드는
비의 향기에
잠자던 몸의 세포 깨어난다

곁에
원적외선 나오는 불가마와 함께여서일까

제 6 부

그리운 님 언제쯤 볼 수 있으려나
　　마음에 병만 깊어 간다.
　　　　　　　　-능소화 중에서

플라스틱 사랑

감정에 상처 되는 말이 오간다.
싸움에서 어떻게든 이기려는 상대의 공격이다.

인간관계에서 가장 힘든 건
나와 같지 않은 상대와의 대화에서
정이 뒷받침 되어지지 않을 때

메말라 있는 감정에 덧입히는 각질 같은 거
각질은 벗겨내고 떼어내어도
혈액순환이 원활하여야

정이 쌓여야
정이 들어야
정이 생겨야
각질은 사라져 보드라운 살결로 탄생하는 법

감정에 soft 아이스크림을
발라보면 어떨까
감정은 절로 샘솟는 샘물이
되어야 하려나?

감사의 마음

여자는 여자와 마음이 통한다 해야 할까?
삽삽한 며느리 일주일 동안 애 보랴
시어미 반찬 해대랴
고생 많았네
나야 덕분에 잘 지냈지
아들은 착하고 유머러스해서 좋고
손자는 그 자체로 귀엽고 무한 사랑스러워
어떤 이는 손주 보고파 일본 간다고 하니 며느리
힘들게 왜 가냐는 이도 있었다.
난 생각한다
어떤 감정도 같이할 때 그 값어치가 배가 될 거라고
물론 힘든 일도 감정 상하는 일도 생길 것이다.
그런 과정을 헤쳐나가는 일 또한
같이 하는 게 가족이다 라고
가족의 끈은 무한 사랑이길 바라며

능소화

이리 치이고 저리 치이다
내 님 얼굴 한번 보고파 담장 넘어
얼굴 살포시 내밀어 본다.

그리운 님 언제쯤 볼 수 있으려나
마음에 병만 깊어 간다.

님의 옷자락이라도 볼 수 있음 좋으련만
미소 머금던 얼굴
수려한 자태
생각만으로도 그립고 또 그리워라

활짝 꽃 피우면
님 만나려나
담장에 기대어 님 그린다.

이름

불리우는 대로 산다는데…
2804:이빨 공사: 치과의사?
우리 집이 28층 4호라니 사장님이
치과의사 시냐고 묻는다.

이름을 물어 전고담이라 하니
고담시가 떠오른단다.
고상하다 말하는 사람도 많다.

화가 날 때 딸 아들 이름을 변호사가 될 ㅇㅇ
장관이 될 ㅇㅇ
대통령이 될 ㅇㅇ
선생님이 될 ㅇㅇ
라 부르는 사람도 있다 들었다.

효과가 있을까?

장미꽃 순정

새빨간 거짓말이라도 좋다.
씨앗을 걸고라도
씨앗 속을 파고들어
나만의 순정 고이 간직할 수만 있다면
나만의 이념 확고히 붙잡을 수만 있다면
붉고 강렬하게 파고들고 싶다.
장미의 이름으로
장미꽃 순정을 다 받혀서

긴장

가슴은 콩닥대고
마음도 불편하고
결정은 내려야 하는데…
4월이라
문밖은 화사함의 절정이다.
벚꽃과 목련은 떠났어도
여러 색의 영산홍, 맘껏 아름답고
보랏빛 라일락 향기 또한 뇌 속을 휘감고 가는데
미니 사과꽃의 미세하고 야릇한 향기에
꿀벌들 윙윙거리며 자리다툼 요란하더라.
태양 아래 서면 불편함이 좀 해소되려나 싶어
산책을 나선다

무념, 무상, 무취

평온함
무념의 상태
백지가 그러할까
멀리도 가까이도 느껴지지 않는
허나 편안하다
아무 생각 없이 하늘의 태양만이 동그랗다
오직 태양만이 가득하다

공원길에도
신작로 길에도 쌓인 눈은 추운 날씨로
아직 녹아내릴 생각이 없나 보다

따뜻함이 추위를 감싸 안아
평온한 따스함이 주위를 맴돈다

버스

한때 달리던 버스
한때 날리던 사람

멈췄다
멈춰 있어도 정겨움이 묻어난다
정지된 동선
이젠 사람들을 태우고 달릴 수 없다.

나이는 먹고 싶어 먹는 사람 없으며
아파 드러눕고자 하는 사람 없다

세월이 야속해도
멈추고 싶지 않아도
멈추어야만 할 때 온다

철

철은 몹시 단단하다
적당히 자르려 해도 기구가 없으면 자를 수 없다
잘 날으던 부엉이도 철로 만들어지니
날 수가 없구나
자유로울 수 없구나
녹이 스니 쓸모가 없어지누나

  철
  철
  철

아끼지 말자

먹어야 배부르고
입어야 내 옷이며
표현해야 소통한다

아이들에게 사랑을 흠뻑 쏟으면
건강한 정신력을 가지고 커갈 것이고

부부간에 사랑하고 대화를 충분히 하고 산다면
따로 가정 교육이 필요치 않을 것이다
아이들은 보고 배우는 게 가정 교육이라 생각하므로

가정이 건강하고 튼실할 때
넓게는 국가도 단단하기 밤톨 같지 않을까 하는
생각을 키워본다

반짝이는 눈꽃의 이름

너는 너무 사랑 스럽다 해서 사랑이
너는 나의 살갗에 닿으면 간지러울 거니 간질이
너는 꼬물꼬물 꼬물이
넌
넌 보고 있어도 보고 싶고
눈에서 멀어지면 녹아내릴 것 같고
나뭇가지에 착 달라붙어 있으니 접착이?
나만 바라보는 내별 같기도 해서 내별이

반짝반짝 햇님과 조우하는 너
별빛보다 아름답고
별님들도 널 보면 시샘하겠다
살아 숨 쉬는 듯 금방이라도 걸어 내게로
올 것 같구나
적당히 이쁘거라
녹아들기 전 너의 모습 내 눈에 담아 놓는다

들국화 향기에

잠시 멈칫

곁에 다가가기 위해
온 촉수 그러 모아 빠져든다

헤어 나오지 못하고
내가 향기가 될 때까지

오감을 자극하고
오미에 마비되는

햇볕 찬란히 쏟아내는
한낮의 보배로운
향기에 몸이 휘청

전고담 수필 특집
꿈 같았던 터키 생활

1년 동안 이스탄불 구경도 많이 하고 특히 여름 과일이 너무 쌌고 체리 맛이 짱이다. 과수원에서 익혀 나온 체리의 맛은 환상적으로 맛있다. 덜 익은 거 따 팔러 나온 우리나라에선 절대 비교 불가. ㅎㅎ~

-본문 수필 중에서

수필 특집
꿈 같았던 터키 생활

전 고 담

국비 유학으로 터키로 간다 할 때 며칠을 잠을 청할 수 없었다. 이런 흥분은 살면서 처음이었다. 계속 콩닥대는 심장이 누그러든 건 일주일쯤 후였을까? 27년 전 일이다.

이스탄불에 도착 후 다시 비행기로 싸이프러스에 도착했다. 해가 진 후 도착하였는데 온통 세상이 까맣다. 우리나라의 밤 문화와는 완전 반대인 상황. 와~~~ 어떻게 살지? 순간 가슴이 답답해 왔다.

방을 얻었다. 원룸이라도 하듯 운동장만 한 응접실이 있는 이곳은 겨울이 없다 하여 겨울옷도 챙겨 오질 않은 상황, 겨울이 되니 춥다. 난방도 취약하고, 봄, 여름, 가을은 좋았다. 비도 그리 많지 않았고 여름에 10분 정도 걸어가면 에메랄드빛 바다가 우릴 반겼고 집 앞에 대형 마트도 하나 있고 일주일에 한

번 열리는 프리마켓도 열렸는데 생선과 야채가 아주 싱싱하고 싸다. 그리고 집 옆에 중국인 요리사가 음식점을 오픈했는데 저녁만 요리했는데 맛있어도 너무 맛있다. 가끔 방문하였던 기억이 있다. 지금 생각해도 침이 꼴깍 넘어간다.

　　마고사에서 토요일 학교에서 운영하는 여행에 참석하며 싸이프러스 여행을 많이 즐길 수 있어서도 행복했다. 정들었던 마고사를 뒤로하고 차탈퀘이로 이사를 하게 된다. 앞에 풀장이 있고 (청소를 하지 않아 보기만 시원하다.) 집 내부는 고급 유럽식으로 꾸며져 너무 멋지다. 이 삭막한 도시에 이런 건물이 있나? 할 정도로 고급스럽다. Brand new 건물이기도 했다.

　　마고사에 살 때 타멜이라는 학생이 집 근처에 살았는데 우리 집에 자주 놀러 왔다. 우리도 물론 가끔 그 학생 집에 놀러 갔다. 그 집에 갔을 땐 야채쎌러드를 만들어 주었는데 레몬즙을 꼭 짜 고수 토마토에 올리브유를 뿌리고 소금을 조금 넣고 먹는 거다. 그때 레몬과 고수를 처음 알게 되었다. 그네들은 우리처럼 밥을 하지 못해 어설프게 밥을 하기에 내가 하는 밥을 신기해했다. 언젠가는 갈비를 했는데 왔기

에 먹어보라 했더니 그곳에 음식점을 하나 차리란다. ㅎㅎ~

터키 사람들은 친절했다. 차탈퀘이로 이사하고 마고사에 올 일이 있었는데, 갓 태어난 강아지를 마주했는데 그렇게 잘생긴 개를 만난 적이 없을 정도로 예뻤다. 하여 주인에게 한 마리 줄 수 있나 물어보니 두 마리나 주었다. 지금도 생생하다 똑똑하고 잘생겼던 강아지들 집 앞에 개집을 만들어 주고 키우기 시작했다. 아이들도 너무 예뻐해 예방접종을 해줘야 했다. 우와! 예방 접종비가 너무 비싸다. '10만 리라'한 마리당. 강아지들은 우리가 나가면 졸졸 따라왔다.

택시를 타면 택시 꽁무니로 따라붙어 그러다 다칠까 봐 걱정도 될 정도였다. 주인 따라 도로 위를 달리는 개 너무나 똑똑하고 사랑스러웠던 강아지들….

■기르네-

차탈퀘이는 집 주변과 집의 상황은 좋았으나 별장 같은 분위기여서 주변에 상가가 없었다. 하여 항상 택시를 타고 나다녀야 했기에 많이 불편한 편이었다. 교통비 지출도 많았고 그래서 시내 쪽 기르네로 이사하기로 결정을 하게 된다. 기르네에 이사 가서 해수욕장을 찾아 수영을 하다. 쉬고 있는데 한국말소리가 들린다. 몸을 일으켜 보니 아나운서가 아닌가 (지금도 tv에 나온다.) 너무 반가워 말을 걸었는데 그쪽에선 시답잖은 표정이다. 요즘은 외국 나가는 사람이 많지만, 그 시절 그곳에서 한국 사람은 처음 인지라 나만 반가워하다. 무표정한 그 아나운서 덕에 나만 뻘쭘해졌던 기억이…. ㅎㅎ~

이곳에선 많은 일이 일어났다.

첫째 시내다 보니 아이들이 길에서 놀다 큰애가 교통사고를 당했던 일.

둘째 거의 한 달 동안 해수욕장에 먹을 거를 싸가서 놀았는데 아이들은 다이빙도 해가며 수영을 하였다. 한데 어느 날 하늘에 먹구름이 몰려오는 게 아닌가 그런 경우는 한 번도 없는 그곳 날씨였는데 어머나 이게 웬일이래? 하며 집으로 돌아왔다. 집에 도착해 보니 집이 온통 연기로 싸여 있다. 생각해보니 소뼈를 고던 게 일을 일으킨 거다. 그곳에선 소고기 살코기를 사면 소 꼬리와 뼈를 무료로 주어 계속 끓여 먹던 중이었다. 아랫집에 주인이 살았는데 창문을 깰

까 하던 중에 우리가 도착하였다는 거다.

와! 하늘이 우릴 도왔구나. 먹구름이 밀려들지 않았다면 우린 아직 그곳에서 놀고 있었을 것이다. 타맬은 차탈퀘이와 기르네로 이사했을 때에도 우리를 만나러 와 주었다.

■위스크다르-

몬트리올에서 이스탄불로 넘어왔다. 방을 구하는데 약간은 반지하에 furniture in으로 집을 구했다. cozy라는 단어가 떠오르는 따뜻함이 풍겨오고 주인의 미적 감각이 보통 아닌 느낌이 물씬 풍기는 그런 매혹적인 예쁜 집이었다. 신랑과 아이들은 아침에 학교에 갔고 난 집안일을 마무리하고 학교의 free talking 반에 가기도 하고 시장에 다녀오기도 했다. 그러던 어느 날 반지하에 햇볕이 잘 들지 않고 답답함을 느낀다. 한 달도 되지 않았나? 하여 집을 옮겨야 하나 봐! 하며 신랑한테 말을 하니 자기는 좋다며 구하려거든 혼자 구해 보든지 이러는 거다. 참으로 어이 상실이다. 혼자 구하라면 못 구할 줄 알고? 하며 나갔다. 어느 상점인가 들어가 영어 하는 분 좀 소개시켜

달라 하니 마도로스 할아버지를 소개해 주는 게 아닌가? 할아버지 방을 구하려는데 터키어를 모르니 도와주세요. 하니 흔쾌히 승낙하신다. 그분 덕에 앞뒤 베란다가(베란다 복이 있나 보다 이곳도 우리 집만 베란다가 운동장만 하다) 시원하니 널찍하고 위스크다르가 내려다보이고 해가 잘 드는 집을 얻어 이사하게 되었다.

그 후로 할아버지를 바바라 불렀는데 매일 집으로 안부 전화를 주시는 거다. 별일 없느냐고….

그러다 물건을 살 일이 있으면 배를 타고 보스포러스를 건너 같이 가 주시기도 하고 둘째가 놀다 나무에서 떨어진 일도 있었는데 할아버지 차를 가져오셔서는 병원에 아침에 갔다가 저녁에 돌아온 날도 있었다. 어떻게 이렇게 친절하실 수가 있으시나…. 마음이 따뜻하신 할아버지셨다.

어떻게 처음 알게 되었는지는 기억이 나질 않으나 피크렛이라는 여자를 알게 된다. 나보다 나이는 몇 살 아래이고 우리 아이들은 초등학생인데, 피크렛 아이들은 고등학교를 졸업한 영화배우 같은 딸과 고등

학생 아들이 있다. 피크렛은 매일 같이 터키 음식을 맛보여주거나 자기 집에 오라 하여 먹어보라 하는 거다. 자기네 식구 놀러 갈 때도 나를 불러 같이 가자 하고…. 어쩜 그리 친절한지 사이좋은 친정 남매처럼 붙어 다녔다.

1년 동안 이스탄불 구경도 많이 하고 특히 여름 과일이 너무 쌌고 체리 맛이 짱이다. 과수원에서 익혀 나온 체리의 맛은 환상적으로 맛있다. 덜 익은 거 따 팔러 나온 우리나라에선 절대 비교 불가. ㅎㅎ~

행복했던 이스탄불 생활을 마치고 캐나다 벤쿠버로 3개월 동안 가기로 한다. 아이들 영어 교육에 보탬이 될까 하여, 할아버지에게 새로 샀던 TV를 드리고 피크렛에겐 캐나다에서 산바람 한 점 들어오지 않고 뜨끈한 모피 코트를 선물하고, 비행기를 타러 공항에 도착했다. 할아버지가 같이 오셨는데, 출국장에서 퇴짜를 맞는다. 저의 배 안에서 셋째가 자라고 있었는데 병원에 가서 확인서를 받아 오라는 거다. 헐~. 별로 표도 안 났는데, 기계가 감지했나 보다.
휴! 신랑은 호텔 가서 자고 내일 가자 하고 난 집

도 많고 하니 그냥 공항에 있다가 가자 하고 신랑은 혼자 호텔에 가서 자고 왔고 난 병원 들러 확인서 끊어 공항에서 머물다 비행기를 탔다. 이때 할아버지는 밤새 우리(아이들 둘과 나)와 함께 계시다 우리가 출국하는 걸 보시고는 집으로 돌아가셨다. 피크렛은 친정엄마처럼 잘 해주었고, 할아버지는 우리를 지켜주시러 오신 천사셨다.

■ 캐나다 몬트리올과 일본

차탈퀘이 기르네를 거쳐 캐나다로 고등학교 때 절친이 몬트리올에 산다. 그 계집애 시집가 몬트리올로 가족 모두 이민 가서 내가 얼마나 가슴이 뻥 뚫렸었는지, 친구처럼 정직하고 바른 친구는 또 만나기 힘들 거다. 존경스러울 정도다. 나의 완성은 그 친구로부터라 말해도 될 정도로 매일 같이 붙어 다녔던 친구였는데…. 방학을 맞아 아이들 영어를 자연스럽게 배울 수 있는 계기를 마련코자 친구와 연락하여 방을 얻어 달라 했다. 친구도 보고, 아이들 영어도 자연스럽게 배울 수 있고….

캐나다에 도착했다. 친구 신랑이 공항에 마중 나와 주셨다. 너무도 감사했다. 짐을 풀고 친구 집에 초대 받아 저녁을 같이 먹으며 우리 애들과 친구 애들이 놀고 우린 많은 대화를 나누며 저녁 시간이 깊어져 갔다. YMCA 종일 케어 (오전 9시부터 오후 5시까지)에 아이들을 다니게 해놓고, 우리의 할 일은 오전에 데려다주고 오후에 데려오는 거였다. 우리는 아이들을 데려다주고 주변을 구경하다가 (재즈 festival이 특히 기억에 남는다. 자유로운 그 분위기) 오후 5시에 데리러 갔다. 큰 아이 같은 경우 적응력이 좋아 영어로 선생님과 금방 대화를 나누는 걸 보았다. 터키에서 사립 초등학교를 보냈더니 영어 시간도 있어서 적응이 빨랐던 거 같다.

어느 날은 버스에 집 근처의 할아버지 할머니가 올라오시는데 보니 자리가 없다. 우리가 일어나며 앉으세요 하며 자리를 양보하여드렸다. 그리고 며칠 후 가방 두 개를 주시며 아이들 주라 하신다. 생각지 못했던 선물이다. 아니, 또 일주일 정도 흘렀을까? 이번엔 모자 두 개를 또 사서 주시는 거다. ㅎㅎ 한국에선 느껴보지 못했던 사랑이다. 계속 받기만 하다 보니 미안한 마음이 들어 같이 식사나 하시죠. 하여 할아버지 할머니를 초대하였다. 정성 들여 한 상 가득 식사 준비를 하였다. 할아버지는 이탈리아에서 이민 오신 분이었다. 그때 벽이 심심하여 그림을 아이들 크레파스로 그리기 시작하였는데 집에 들어서시자마자 이 집에 화가가 사냐며 그림 한 점 줄 수 있냐는 것이다. 물론요 하며 기쁜 마음으로 선물을 하였다. 할아버지가 오시며 백포도주를 가져오셔서 우린 달달하게 익어가는 대화를 나누며 식사를 즐길 수 있었다. 이후 할아버지 집에 초대받아 스파게티도 먹었다. ㅎ~ 이런 자연스러운 행복이 참으로 좋다. 올 때쯤 되어 주변 다른 분들도 야채를 매일 가져다주신 분들도 계셨고 여행을 시켜준 분도 계셨고…. 감사한 분들이 참으로 많으셨다. 이 모든 게 친구의 덕인 거 같다.

■ 일본-

터키에서 돌아와 1년이 지났는데 신랑이 일본으로 갈 생각이 있냐고 묻는다.
뭐? 물론 가야지.

어떤 주재원 부인들은 외국 생활 적응을 못 해 외로워 우울증에 걸릴 지경이었다는데, 난 체질 같다. 새로운 구경과 경험에 심심할 틈이 없고 결혼기념일 생일도 까먹어 챙기질 못했던 기억이 든다. 집을 구했는데 그 맨션에 삼성 이사가 살고 현대 자동차 포스코 직원들이 일본에서 10년 넘게 살고 있었다.

그 외 잘 사는 일본인이. 우리 집은 베란다가 거짓말 조금 보태 운동장만 했고 현대식 건물이었다. 한국에선 그런 집에 살 엄두도 못 낼 만큼 크고 멋있었다. 같은 건물인데도 우리 집만 베란다가 있었고 집이 좀 넓었다. 월급은 그네들이 훨씬 많이 받았다. 부러웠다. 조금은…. 그네들은 우리 집이 부러웠을 수도, 명품 가방 4~500 하는 가방이 5~6개는 기본이고, 슈퍼 다닐 때도 들고 다닐 정도였다. 난 하나도 없는데, 난 관심도 없고 사고 싶은 생각도 없었다.

동 업종의 직원들이 세계 나라별로 한 명씩 모인 모양이다. 어느 날은 뉴질랜드 직원이었나? (기억이 잘 나질 않는다.) 초대를 받아 가보니 천장도 높고 집이 훨씬 좋다. 집에 가사도우미도 두고, 긴 식탁에 모두 모여 앉아 뭘 먹었었는지도 기억이 나지 않을 만큼

이야기에만 집중하다 온 것 같았다. 영어는 필수다. (영어가 안되어 헤매다 왔다.) 즐거운 시간이었으나,

일본은 역시 지진이다. 수시로 흔들어댄다. 작년에 일주일 정도 아들네 나고야에 다녀 왔는데 그곳은 흔들어대는 지진을 하루도 느낀 날이 없다. 하지만 도쿄는 달랐다. 자주 흔들어대는데 어느 날엔가는 무섭게 흔들어대는데 다리를 옮길 수조차 없을 지경이었다. 한국에서 이민 오는 사람들을 이해할 수 없었다. 우리 아들도 그곳 직장을 다니고 있으니, 참으로 아이러니하다. 내 생각만 고집할 수 없는 부분이다.

어느 날 큰 아이가 머리가 아프다 한다. 초등 6학년 때의 일이다. 의료보험도 안 되는데 약은 일주일치 정도? 지어주었다. 아이가 약을 먹으면 졸린다 한다. 약국에 물어보니 정신과 약이라나? 다 버렸다. 비싸게 돈 줬는데…. 그 후로는 머리 아프다는 소리를 하지 않는다. 몇 번 먹고 나은 걸까?

신랑 덕에 2년 동안 토요일마다 온천이며 일본 여행은 버스 투어로 많이 다녔던 거 같다.

감상평

전고담 시인의 시집
　　『너와 나, 우리 만날 때』를 감상하며

　　　　　　　　　　　美淚/ 홍순용 시인

　전고담 시인 그의 시는 정말 오랜 시간에 걸쳐 완성되었다. 그만의 독특한 삶의 행적과 경험은 긴 시간 시에 대한 열망으로 주변을 끊임없이 서성이다가 이제서야 머무를 빈 의자 하나 장만하였다.
　그것이 바로 『너와 나, 우리 만날 때』 시집이다.

　<눈이 온 길 위에서>
　그의 서성임은 시에서도 아주 잘 나타난다. 그의 마음이 눈송이로 표백되어 수많은 소리로 변했지만 결국, 그 마음은 서성이는 것으로 마무리된다.

　<액자>
　그러면서도 자신의 서성임이 싫어 어딘가에 가두고 싶었지만 결국 우울로 끝나게 된다. 시인의 서성임이 끝나지 못한 것이다.

<둥그레진다는 건>

　액자로 실패한 삶의 서성임은 동그랗게 몸을 구부려 쉴 새 없이 구르는 꿈을 꾼다. 흐르고 흐르며 많은 마음의 상처 후에 비로소 웃음을 되찾은 시인.

<흑진주>

　시인이 찾은 것은 웃음뿐이 아니다. 자신의 심연에 깊이 가라앉아있던 소중한 흑진주 같은 내면세계를 발견한 것이다.

<고추잠자리>

　멀고도 험한 마음의 여행을 고추잠자리의 작은 날갯짓에 싣고 서두르지도 않고 조금씩 날아오른 시인은 결국 "사랑"이라는 단어에 방점을 찍고 지금까지의 갈등을 뒤로하고 진정한 시의 세계를 경험한다.

　그렇게 찬란한 햇살을 뒤로하고 비상하며 한 권의 시집을 탄생시킨다.

　더

　높이

　날아오르기 위한 첫걸음으로···.

전고담 특선 시집

너와 나,
　　우리 만날 때

초판 발행 2025년 11월 13일
지은이　　　전 고 담
펴낸이　　　안 명 기
표지 그린이　전 고 담
편　 집　　　댕글 편집부
펴낸 곳　　　도서출판 댕글
등　 록　　　제 2022 - 000018호
주소 서울특별시 강동구 명일로 27길 31
지은이 직통전화 010 - 2351 - 8212
E-Mail: junaaha@naver.com

ISBN: 979-11-978756-2-5(03810)
정가: 12,500원

*이 책의 저작권은 저자와 도서출판 댕글에 있습니다.
*잘못된 책은 구입하신 서점에서 교환 가능합니다.